I7K
15088

NOTICE

HISTORIQUE

SUR

PRÉBAYON

DANS LE TERRITOIRE DE SÉGURET

ET

St-ANDRÉ-DES-RAMIÈRES

PRÈS DE SABLET (Vaucluse)

PAR

L'Abbé F. BRUYÈRE.

DÉPOT LÉGAL
VAUCLUSE
114
1869

AVIGNON

TYP. DE FR. SEGUIN AÎNÉ, RUE BOUQUERIE, 13.

1869

NOTICE HISTORIQUE

SUR

PRÉBAYON

DANS LE TERRITOIRE DE SÉGURET

ET

St-ANDRÉ-DES-RAMIÈRES

PRÈS DE SABLET (VAUCLUSE).

I. — Sainte Rusticule, abbesse de St-Césaire, d'Arles. — Sainte Radegonde fait élever le monastère de Ste-Croix, à Poitiers. — Une de ses compagnes fonde celui de Prébayon. — Les Sarrasins le dévastent. — Il est rétabli en 850. — Une inondation y cause de grands dégâts. — II. Les religieuses de Prébayon se retirent à St-André-des-Ramières que leur donne le prieur de Mont-Majour. — Elles embrassent la règle des Chartreux. — Saint Jean d'Espagne en écrit les constitutions. — Sainte Roseline y prend l'habit religieux. — Miracles qui s'opèrent en faveur de cette Sainte. — Les Huguenots incendient St-André. — Le relâchement s'y introduit. — Le roi s'en déclare le jus-patron. — Les religieuses l'abandonnent pour toujours. — Sa réunion à la mense épiscopale d'Orange. — Mgr de Tilly s'y retire et y meurt. — III. État présent de Prébayon et de St-André-des-Ramières.

I

Sainte Rusticule, à qui Vaison s'honore d'avoir donné le jour, dirigeait avec tant de sagesse le couvent de St-Césaire d'Arles que, le parfum des vertus qu'on y pratiquait s'étant répandu jusque sur les bords de l'Ouvèze, Arthémius et son peuple formèrent le dessein d'appeler parmi eux des Religieuses de cet Ordre. Pendant qu'ils étaient dans ces dispositions, la Providence vint en aide à leurs pieux désirs.

Radegonde, dont le nom est écrit dans les sacrés diptyques, voulant échanger son palais contre un cloître et sa couronne de reine de France, qu'elle trouvait trop pesante à son front, contre le voile des épouses de Jésus-Christ, fit élever, à Poitiers, le monastère de Ste-Croix. Après y avoir établi la règle de St-Césaire, que Liliole elle-même, maîtresse aussi de Sainte Rusticule, lui avait expliquée, elle en confia la direction à la jeune Agnès, son élève, dont elle fut la première à reconnaître l'autorité. Cet asile de la paix et de l'innocence prit un si rapide accroissement qu'en 587 deux cents vierges, issues des plus illustres familles de la France et des provinces voisines, entouraient le cercueil de l'épouse du roi Clotaire (1). Malheureusement l'abbesse Agnès alla trop tôt rejoindre dans la tombe celle qui avait été toujours sa lumière et son conseil. A sa mort, Chrodicilde, fille de Caribert, et Basine, fille de Childebert, jalouses de voir les suffrages de leurs compagnes se réunir en faveur de Lamberèse, d'une naissance moins noble que la leur, soulevèrent une tempête qui causa de grands scandales (2). Lorsqu'elle fut apaisée, Meltride, Ormélie et Germilie, qui avaient reçu les confidences de Sainte Radegonde et des trésors pour employer à de bonnes œuvres, résolurent d'établir, dans diverses contrées, de nouveaux couvents de leur Ordre (3). La première fonda le monastère de Combeaux, dans le diocèse de Die ; nous ignorons de quel côté la seconde porta ses pas et ses richesses ; Germilie, parente de la sainte reine, vint supplier Arthémius, qu'elle connaissait depuis longtemps,

(1) Dans les diverses collections des conciles, entre autres dans celle intitulée : *Concil. collectio regia*, tom. III, page 369, on trouve une lettre de Sainte Radegonde, qui est comme son testament, adressée aux évêques : elle leur recommande l'abbesse Agnès ; elle met sous leur protection le monastère qu'elle a fondé et les biens dont l'ont doté le roi et ses fils.

(2) Les détails de cette pénible affaire sont racontés dans l'*Hist. de l'Église Gallicane*, par le P. Longueval, et dans celle du diocèse d'Avignon, par M. Granget, tom. I, page 193.

(3) Fortunat Vénance, chapelain et historien de Sainte Radegonde, les Bollandistes, etc., ne parlent pas de la donation faite à ces trois dames qui n'exécutèrent les volontés de la reine que 23 ans après sa mort. Ce long retard ne fait-il pas supposer que ces richesses seraient restées dans le monastère de Ste-Croix, si la discorde qui s'y était déjà glissée et les bruits de guerre qui retentissaient autour de ses murs, n'avaient pas fait craindre leur dilapidation ?

de lui donner une solitude dans son diocèse, où elle pût réunir quelques servantes du Sauveur.

Le prélat, reconnaissant dans cette démarche le doigt de Dieu, conduisit sa noble visiteuse à Prébayon, situé à une lieue de Vaison, aujourd'hui dans le territoire de Séguret. Un an après, en 611, ce coin de terre, resserré entre trois montagnes qui interceptent en hiver les rayons du soleil, et arrêtent en été la brise qui en tempérerait les chaleurs étouffantes, reçut cinq jeunes vierges qui y firent profession de vivre sous la règle de Saint-Césaire. Nul lieu ne favorisait mieux le recueillement et la solitude : les hurlements des bêtes féroces qui hantaient les bois d'alentour, les éclats de la foudre déracinant quelques pins séculaires, le bruit des eaux du Trignon grossi par l'orage battant parfois les murs du monastère, se mêlaient seuls à l'accent pur et suave de la prière ; la vue, bornée par un horizon de quelques pas, se portait naturellement vers ce point du ciel qui apparaissait au-dessus de leur tête et faisait naître dans le cœur de saintes pensées. L'horreur de ce lieu, dont le tumulte du monde n'éveillait jamais les échos, devrait, ce semble, imposer silence aux détracteurs des Ordres religieux, déversant leur venin et leurs baves impures jusque sur les plus tendres des fleurs monastiques qui fleurissaient autrefois dans les déserts, mais il ne pouvait rebuter les âmes éprises des charmes du divin Époux ; car, trois ans après, Germilie comptait déjà dix-huit Religieuses sous sa direction.

Si, pendant deux siècles, les chroniques se taisent sur les actions remarquables des filles de Prébayon (1), le surnom de *vertueuse* donné à l'abbesse Thérésine qui vivait en 722, la qualifica-

(1) Le P. Boyer, *Hist. de l'Église de Vaison*, liv. 1, page 62, donne la liste des abbesses de Prébayon dans cet ordre : 1 Germille ; II Armande lui succède en 632 ; III Viergise, en 649 ; IV Bertranne, en 673 ; V Polixène, en 694 ; VI Thérésine, surnommée la vertueuse, en 722 ; VII Béllane, d'une naissance illustre et d'une vertu éminente, en 753 ; VIII Ellane, nièce de la précédente, vers 800 ; IX Adrienne, qui donna tout son bien au monastère ; X Guillermine lui succéda ; XI celle-ci fut remplacée par Augusta ; XII Tortiliane ; XIII Tiargène, en 882 ; XIV Sabine, en 901 ; XV Isabelle, en 913 ; XVI Eliénée, en 931 ; XVII Guillermine en 944 ; XVIII Guillerme, en 958 ; celle-ci aurait été la dernière abbesse de Prébayon et la première prieure de St-André-des-Ramières. Ce Catalogue et les réflexions historiques qui l'accompagnent dans l'ouvrage du savant dominicain, contiennent plusieurs erreurs que nous n'avons pas cru devoir suivre.

tion de *vertu éminente* ajoutée au nom de Beliane qui en avait la direction en 753, témoignent assez de la régularité qui y régnait. Mais vers l'an 787, l'apparition de la horde musulmane sur les côtes méridionales, vint jeter l'épouvante et l'effroi dans ce paisible séjour. On savait que les lieux saints, les maisons de prière et tout ce qui portait le signe de la religion catholique, étaient surtout l'objet de leur rage et de leur vandalisme. Il arrivait d'ailleurs, du fond de la Provence, des récits navrants de l'héroïsme de vierges qui s'étaient mutilées pour échapper à la brutale fureur de ces barbares, et du sang de nombreux cénobites que le cimeterre faisait couler. Aussi leurs regards impies ne tardèrent pas à découvrir le couvent de Prébayon, caché au fond de sa gorge écartée, mais leurs mains sacrilèges ne purent s'acharner que sur des bâtiments déserts; à leur approche, les Religieuses s'étaient retirées dans leur famille, ou auprès de l'évêque de Vaison qui les entoura d'une paternelle affection.

Nous ne croyons pas que l'on puisse préciser combien de temps elles restèrent éloignées de leur solitude. Quelques auteurs prétendent néanmoins que, réunies à leurs sœurs de Combeaux dont le monastère avait été entièrement détruit, elles en reprirent le chemin, au nombre de huit, vers l'année 850, sous l'impulsion de l'évêque de Vaison (1). Adrienne (2) s'étant mise à leur tête, employa toute sa fortune à relever les ruines faites par les bandes sarrasines.

De nombreuses vierges, animées de l'esprit et de la ferveur des premiers jours, avaient repeuplé depuis longtemps cette solitude bénie, lorsqu'au commencement du XIe siècle — des historiens disent en 962 —, un ennemi, non moins redoutable que les soldats de Mahomet, vint de nouveau y jeter la désolation. Une

(1) Sur le témoignage du P. Boyer, *Hist. de l'Église de Vaison*, liv. 1ᵉʳ, page 62, M. Bastet, *Hist. des Évêques d'Orange*, page 129, le docteur Barjavel, *Bio-Bibliographie Vauclusienne*, tom. II, page 279, l'abbé Granget, *Hist. du diocèse d'Avignon*, tome 1ᵉʳ, page 199, etc., attribuent cette restauration à l'évêque Aredius; ce qui est de toute impossibilité, puisque ce prélat vivait sur la fin du VIIe siècle, et que les évêques qui l'ont suivi sont inconnus pendant l'espace de 129 ans.

(2) Éliane, abbesse lors de l'invasion des Sarrasins, était trop âgée pour voir le retour à Prébayon; ce qu'assure néanmoins le catalogue déjà cité. Le P. Boyer, page 70, semble partager notre sentiment.

nuit, les Religieuses sont tout à coup éveillées par le bruit effrayant du tonnerre mille fois répété par l'écho des montagnes. Une pluie torrentielle déracine les arbres, entraîne des blocs de rocher du sommet de la colline, en un instant le pont sous lequel coule le Trignon en est obstrué. Les eaux arrêtées se refoulent alors avec impétuosité vers le monastère, l'envahissent et y portent le trouble et la confusion. Le P. Rimbert, aumônier, se glisse dans la chapelle par une étroite ouverture, afin de sauver les saintes espèces. Malheureusement, deux Religieuses surprises dans le dortoir sont submergées et une partie des bâtiments emportée. Ce lieu devenant pour le moment inhabitable, les filles de Prébayon se séparèrent en pleurant, les unes pour aller à Arles, s'enfermer avec leurs sœurs, les autres pour se retirer au sein de leur famille.

Guillerme qui était abbesse tenta, peu après, de relever ce monastère et d'y réunir quelques novices ; mais les eaux bourbeuses, qui, à la moindre pluie, emplissaient la chapelle et les bas étages, l'avaient rendu tellement humide et malsain que ces jeunes vierges devenaient des victimes trop précoces de leur dévoûment. Sa situation resserrée au fond du ravin ne permettant aucune amélioration, de l'avis de l'évêque de Vaison, et après avoir adressé à Dieu de ferventes prières, on prit la résolution d'abandonner ce désert dès que la Providence en fournirait l'occasion.

II

Geofroy, comte de Provence, dont le souvenir est arrivé jusqu'à nous porté sur les ailes de ses pieuses fondations, de concert avec Stéphanie, son épouse, surnommée Douce, donna, en 1060 (1), les biens et la chapelle de St-André-des-Ramières qu'il

(1) Le P. Boyer, que les auteurs modernes ont suivi trop aveuglément, se trompe en plaçant cette donation à l'année 960 ; car dans l'*Hist. du Languedoc*, tom. II, page 230, *in notis*, nous lisons : « Ego Gaufridus comes, et uxor mea Stephania damus aliquid de hæreditate nostra Domino, et Sanctæ Mariæ, et Sancti Petri monasterio Montis-Majoris, et monachis pro remedio animæ nostræ, et pro remissione omnium peccatorum nostrorum : hoc est de terris cultis et incultis, aquis aquarumve de cursibus, cum ecclesia Sancti-Andreæ de Gigondiis seu de Romeria, in territorio Aurasicensi, et totum quod ibi possidemus : ita ut monachi

possédait sur le bord de l'Ouvèze, aux Religieux de Mont-Majour-lès-Arles.

Trois ans après, le prieur de ce monastère, étant venu visiter sa nouvelle propriété, apprit que, non loin de là, dans un site abrupte et insalubre, de pieuses vierges se consumaient dans la pratique de la mortification et de la charité. Touché de leur dévoûment autant qu'édifié de leurs vertus, le R. P. Rainaud leur céda la donation du comte Geofroy, sous la cense annuelle de 60 septiers de froment et sept de légumes, que, par une bulle de l'année 1076, Grégoire VII réduisit à une obole d'or annuelle. La prieure de Prébayon passa, la même année, un acte de reconnaissance à l'abbaye de Mont-Majour ; ce qui fut exécuté dans la suite aux époques et dans les circonstances fixées par les us et coutumes (1).

Les filles de Prébayon abandonnèrent donc leur berceau et se fixèrent sur la rive gauche de l'Ouvèze, à une lieue environ de leur premier séjour. Dans ce site enchanteur, au milieu des merveilles de la nature, leur ferveur ne fit que croître et leur charité que grandir. Elles furent les premières à embrasser, dans nos contrées, l'Ordre des Chartreuses (2), et sur leur demande un enfant de Saint Bruno, que l'Église honore le 13 juin, Saint Jean-d'Espagne, en écrivit les règles et les constitutions avec élégance et talent (3). Bertrand des Baux, prince d'Orange, en 1182, leur accorda plusieurs priviléges et vingt salmées de sel à prendre

faciant de ipsis rebus quidquid eis placuerit... Facta in Arelate anno sub Incarnatione dominicæ MLX, etc. »

(1) Le P. Boyer, ouvrage cité, page 70 et M. Granget, tome 1er, page 278, disent que le 6 mai 982, Wernier, évêque d'Avignon, donna quelques églises au monastère de St-André-des-Ramières ; cette donation n'aurait-elle pas été faite, au contraire, à St-André-les-Avignon dont ce prélat, ainsi que le dit Nouguier, p. 36, répara l'église et le couvent ?

(2) M. Maillaguet, *Miroir des Ordres religieux*, tom. 1, page 161, dit que le premier monastère des Religieuses Chartreuses paraît être celui de Prébayon, fondé en 1145, au diocèse de Vaison, tandis que le P. Hélyot croit au contraire que ce fut celui de Berlaud, établi en 1116.

(3) C'est à ce savant religieux et non au P. Rimbert que l'on doit attribuer le manuscrit cité par le P. Boyer. Les nombreuses erreurs qu'il renferme proviennent de la négligence ou de l'inhabilité des copistes. Voyez, pour la Vie de ce Saint, les *Bollandistes*, juin, tome V, p. 145.

annuellement aux salines de Berre qui lui appartenaient. Alexandre III, Eugène III et Alexandre IV donnèrent, en leur faveur, des bulles que l'on conservait autrefois dans les archives de St-André-des-Ramières; Clément IV, en 1268, les exempta de la juridiction de l'Ordinaire, sous laquelle elles vivaient depuis leur fondation, d'après le IVe concile d'Arles qui soumet tous les monastères à l'évêque du diocèse dans lequel ils sont situés.

Tel était l'état florissant de cet asile, lorsque Josselin, évêque d'Orange, transplanta dans son sein une des plus belles fleurs chartreusines dont s'honorent les disciples de Saint Bruno. Ce prélat, venant de rendre compte de son administration diocésaine et de prier sur le tombeau des Apôtres, à Rome, s'arrêta au château de l'illustre famille de Villeneuve-des-Arcs, en Provence. Toutes les bouches racontaient des merveilles d'une des filles de son hôte, nommée Roseline, gracieuse et belle comme la fleur dont elle portait le nom, douce et pieuse comme un ange. Sur les rapports de ses serviteurs qui se plaignaient sans cesse qu'après chaque repas, Roseline enlevait tout pour le porter aux pauvres, son père lui avait expressément défendu de s'occuper d'eux. Un jour que, de la porte du manoir, leurs cris suppliants parvenaient jusqu'à elle, ne pouvant résister à son attrait, elle allait, d'un pas furtif, leur porter ce qu'elle avait trouvé sur la table, lorsque son père, qu'elle rencontre, lui demande d'un air courroucé ce qu'elle cachait dans les plis de sa robe? « Des lis et des roses, » fait-elle avec un sourire céleste. En effet, aux regards ébahis de l'auteur de ses jours, s'offrent les fleurs les plus belles qui redeviennent un instant après du pain délicieux pour les pauvres de Jésus-Christ.

Le noble châtelain, qui depuis quelques années avait perdu son épouse (1), aurait voulu que l'évêque d'Orange usât de son ascendant sur sa fille pour la faire renoncer au cloître, dont elle nourrissait la pensée depuis son enfance, et la décider à prendre un époux. Mais Josselin plaida, au contraire, si bien la cause de Roseline que, du consentement de son père, elle put accompa-

---

(1) A la mort de sa mère, tante paternelle de Saint Elzéar, Roseline conduite à Avignon, auprès de sa tante Gérarde de Sabran, abbesse de Ste-Claire, allait souvent faire ses prières dans l'église de St-Didier. A. Canron. *Vie de Saint Didier,* page 48.

gner le prélat et s'enfermer à St-André-des-Ramières, dans la principauté d'Orange, pour y prendre l'habit de Chartreuse (1).

Le ciel continua à entourer de prodiges la nouvelle épouse de Jésus-Christ ; son humilité lui avait fait rechercher l'office de la préparation des aliments : un jour que le monastère célébrait avec pompe et solennité la fête de Saint Bruno, Roseline, au milieu des flots d'harmonie, de la fumée de l'encens, du parfum des fleurs qui s'élevaient, avec les saintes prières, vers le trône du Très-Haut, oublia tout à fait son emploi. Après la cérémonie, sortant comme d'un long rêve, elle court à son foyer qu'elle trouve froid et toutes choses disposées comme la veille. Se prosternant alors la face contre terre, elle supplie le Seigneur de ne pas permettre, qu'en ce beau jour, sa négligence tourne au détriment de ses compagnes. Sa prière est à l'instant exaucée : le feu pétille dans l'âtre et les mets se présentent préparés ; le moment venu, la prieure, entourée de ses religieuses, put bénir la table comme à l'ordinaire (2).

Notre jeune Sainte ne resta pas longtemps à St-André-des-Ramières ; sur les instances de ses proches, qui voyaient avec peine son éloignement, elle fut envoyée à la Celle-Roubeaud (3) dont elle devint plus tard prieure. C'est là qu'elle mourut à l'âge de 67 ans, « s'appliquant surtout, lisons-nous dans Godescard (4), à une vigi-« lance extrême sur tous les mouvements de son cœur et de sa vo-« lonté, crainte qu'il ne s'y glissât quelque chose d'impur ou quel-

(1) Dans les Bollandistes, juin, tom. II, page 889, nous lisons au sujet du nombre des maisons des Religieuses Chartreuses : *Primum domus S. Andreæ de Ramirtis, ubi creditur B. Rosselina ad Ordinem recepta ; et domus Parvallonis, ubi noviatum exorsa est, ambæ in diœcesi Arausionensi....* Ce qui a pu faire croire que ces deux maisons étaient distinctes, c'est que les dames de St-André portaient aussi le nom de Religieuses de Prébayon, à cause du long séjour qu'elles avaient fait dans ce lieu. Ainsi, le 1 juillet 1348, Pierre de Casa, patriarche de Jérusalem et évêque de Vaison, fait son testament dans lequel il lègue deux florins aux Religieuses de Prébayon, pour prier Dieu pour lui. En mettant ces lieux dans le diocèse d'Orange, les Bollandistes parlent de ce qui existait de leur temps.

(2) Bollandistes, juin, Tom. II, page 892.

(3) Ce monastère, ainsi appelé parce qu'un solitaire du nom de Roubeaud en avait été le fondateur on ne sait en quelle année, était à deux lieues de Draguignan. On l'appela plus tard *Sallobran.* (Papon. *Hist. de Provence,* tom. 1 aux *errata.*)

(4) *Vies des Saints,* 11 juin.

« que disposition au relâchement. Elle aimait aussi beaucoup la
« prière et Dieu lui avait accordé le don des larmes. »

Il n'est pas étonnant que depuis cette époque, jusque vers le
milieu du XVI⁰ siècle, d'épaisses ténèbres couvrent l'histoire de
ce pieux monastère, car il n'échappa pas à la fureur des Huguenots qui se faisaient un barbare plaisir de livrer aux flammes
les naïves chroniques, qu'au fond de leurs cellules des mains
habiles traçaient pour l'édification de l'avenir. Pouvait-il en être
autrement? St-André-des-Ramières était non-seulement une maison religieuse, mais les fidèles du voisinage y accouraient en dévotion et l'abbesse, qui en avait alors la direction, était de la famille
du comte de Suze, l'effroi des Calvinistes (1). Après s'être emparés
de Séguret, de Sablet et de Gigondas, où ils commirent des hor-
reurs, ces vandales, au mois de mai 1563, pillèrent St-André et
le livrèrent aux flammes avec tout ce qui aurait pu nous éclairer
sur son passé (2).

(1) L'abbesse dont il est ici question est appelée, dans la généalogie de la famille
Beaume-Suze, Catherine; elle avait été auparavant religieuse à Montfleuri près
Grenoble, et abbesse de Notre-Dame-des-Plans, à Mondragon; elle était la troi-
sième et dernière fille de Pierre de la Baume et de Françoise Alois de Vassieux.

(2) Dans la *Chorographia diœcesis Vastonensis versibus expressa*, de Joseph-Marie
de Suarès, évêque de Vaison, on lit: Sancti Andreæ de Rameria et Pratum-
Bayonis.

Virgineæ turmæ, niveus quam vestit amictus
Carthusiæ ritu, nobile cœnobium ,
Ovasici ripas inter virgulta decorat.
Andreæ sacrum, et *Rameriam* vocitant,
Bayonis è Prato quod aquæ Trisionis inundant,
Commigrasse ferunt, hancque habitasse domum.
Quam cessere pii Majoris-Montis alumni,
Observant leges qui, Benedicte, tuas.

Ce qui a été ainsi traduit par le R. P. Boyer: *St-André-des Ramières et Prébayon.*

Ce noble monastère où les vierges Chartreuses
Sont avec l'habit blanc tout à fait vertueuses,
Est au bout d'un grand bois parmi des arbrisseaux
Où l'Ouvèze répand abondamment ses eaux.
C'est là que nuit et jour elles font leurs prières,
Et que nous appelons *St-André-des-Ramières.*
On dit qu'elles étaient jadis à *Prébayon,*
Lieu très-affreux, lavé par les eaux du Trignon.

Après ce temps d'orage, les Religieuses qui avaient fui devant les ennemis du cloître, retournèrent dans leur retraite, sous la conduite de Claire de Moreton de Chabrillan (1). Mais il s'y glissa bientôt un si grand relâchement, qu'après s'être soustraites à la juridiction des Chartreux, elles tentèrent de s'affranchir de celle des prélats, afin de n'avoir plus de supérieur. L'insubordination en vint à un tel point que Louis Alphonse de Suarès, évêque de Vaison (2), qui voulait y rétablir la discipline, vit son autorité méconnue et ses ordonnances méprisées. En 1675, ayant lancé contre elles un interdit, elles en appelèrent comme d'abus au Parlement de Grenoble, qui commit le premier évêque voisin pour lever cette censure. Celui de St-Paul-Trois-Châteaux, requis d'exécuter cet arrêt, s'y refusa; son grand-vicaire ayant été menacé de la saisie de son temporel et même de la prison, pour avoir voulu suivre cet exemple, l'évêque s'adressa à l'Assemblée du clergé, qui résolut de porter cette affaire au Conseil de Sa Majesté, pour en obtenir la cassation de l'arrêt du Parlement de Grenoble, et un ordre pour forcer les récalcitrantes à se soumettre aux ordonnances de leur évêque (3).

Afin de n'avoir pas à déplorer un pareil désordre à l'avenir, le roi se déclara jus-patron de l'abbaye et nomma, pour supérieure, Mme du Tressan, religieuse de l'Ordre de Ste-Claire, au monastère d'Asile, en Languedoc; elle fut remplacée, en 1708, par Mme de Druiller, professe de St-Pantaléon de Toulouse, réforme de

N'y pouvant plus rester sans danger de leur vie,
L'abbé de Mont-Majour, fortement les convie
D'accepter *St-André*; c'est là que sous ce toit,
Elles gardent la règle, et rit de Saint-Benoît.

(1) Cette famille a donné plusieurs abbesses à St-André-des-Ramières. Radegonde succéda à Claire de Moreton, sa tante; elle fut remplacée par sa sœur Claire ou Clairette; Charlotte, Marguerite et Gasparde de Moreton-de-Chabrillan (petites-nièces des précédentes), nées en 1597, 1599 et 1608, y firent aussi profession et en devinrent abbesses. (*Revue de Marseille et de Provence*, 8e année, p. 241).

(2) Ce prélat mourut au château de St-Tronquet, près du Pontet, le 13 mars 1685; il fut enterré à St-Didier (d'Avignon), dans la chapelle dédiée aujourd'hui à Notre-Dame-du-St-Rosaire, où se trouvait le tombeau de sa famille.

(3) *Collect. des procès-verbaux des Assemblées générales du Clergé de France*, tom. V, page 252.

St-Maur (1). Ce couvent était tombé dans un tel discrédit et se trouvait dans des conditions si fâcheuses, qu'aucune jeune fille ne venait plus s'y consacrer à Dieu, et pour comble de maux, en 1720, les bâtiments s'écroulèrent en partie. Les deux Religieuses qui s'y trouvaient encore, en 1766, désespérant de le relever, faute de sujets, se retirèrent à Toulouse, avec une pension, dans une maison de leur Ordre. St-André-des-Ramières, avec l'agrément du roi et du pape, fut alors réuni à la mense épiscopale d'Orange.

Mgr François de Roussel de Tilly, recommandable par sa science et sa tendre piété, empêché par son grand âge d'exercer les fonctions pastorales, s'y retira au mois de mai 1774. Il y mourut, le 29 juillet de l'année suivante; son corps, porté à Caderousse, fut enseveli dans le tombeau qu'il s'était fait élever dans le chœur de l'abbaye de St-Benoît, en face de celui de sa sœur, ancienne abbesse de ce monastère.

III

Par une belle matinée du mois de mai de l'année 186., je suivais le sentier qui, côtoyant les bords escarpés du *Trignon*, conduit de Sablet aux antiques ruines de Prébayon. Les gouttes de rosée bues par les rayons du soleil levant ne se balançaient déjà plus aux feuilles de l'aubépine; mais les genêts et les fleurs sauvages embaumaient l'air de leurs suaves parfums; quelques oiseaux chantaient sous le feuillage immobile. Le silence du torrent desséché et les blés jaunissants, répandus çà et là sur les flancs de la colline, attestaient le besoin que la campagne avait d'une pluie bienfaisante. En m'avançant vers l'extrémité du vallon, un murmure de voix graves et cadencées, comme l'accent de la prière, arrivait jusqu'à moi. En effet, j'aperçus bientôt une dizaine de femmes, en robes jaunes ou rouges et tabliers noirs, à genoux, les mains jointes, suppliant Dieu d'envoyer une eau salutaire pour raviver la récolte en souffrance.

---

(1) Cette religieuse, accusée de dilapider les revenus du monastère et de repousser les personnes qui désiraient faire profession, adressa, pour sa défense, un mémoire au Vice-légat, dont on trouve une copie dans la Collection Tissot, tom. XX, à la Bibliothèque de Carpentras.

J'appris de leur bouche, qu'en temps de sécheresse, les habitants des villages voisins viennent en procession se prosterner en ce lieu et que l'église de Sablet possède l'ancienne statue de Notre-Dame-de-Prébayon. Quelques constructions éventrées, des murs d'un mètre d'épaisseur dont l'un plus grand que les autres s'élève en pignon, fut tout ce qui s'offrit d'antique à mes regards. Je pus néanmoins suivre et reconnaître distinctement l'enceinte de la chapelle et des bâtiments du monastère dont le style est du milieu du IXe siècle (1). Le site en est presque aussi solitaire qu'autrefois : les grands bois qui l'entouraient sont seulement remplacés par des pins et des chênes verts (2).

L'abbaye de St-André-des-Ramières, devenue propriété privée, a moins conservé des vestiges de sa destination primitive : les anciens bâtiments, qui n'avaient d'ailleurs rien de remarquable, étant construits en cailloux, sont entièrement confondus avec la bâtisse moderne; à peine trouve-t-on dans le cellier quelques restes de la chapelle. Des bouquets de verdure, des allées ombragées s'étendant jusqu'aux bords de l'Ouvèze, font de l'antique séjour de la solitude et de la prière une des plus jolies villas des environs.

(1) Dans la *Revue Archéologique*, 1848-49, page 113, on lit : « Le style latin reprend « son empire à l'abbaye de Prébayon (850)..... »

(2) Expilly, *Dict. Géographique, histor.*, art. *Séguret*, dit en parlant de l'abbaye de Prébayon : « Il ne reste que l'église qui est assez obscure et fort humide ; deux « ermites en ont soin, on y célèbre de temps en temps la messe ; mais le 8 sep-« tembre il y a un grand concours de monde, surtout des habitants de Mazan, qui « y vont en procession faire leur dévotion. »

RECHERCHES HISTORIQUES

SUR

SARRIANS

Par M. l'Abbé BRUYERE, ancien vicaire de Sarrians.

Un vol. in-8. — Prix, franco, par la Poste : 2 fr.

Entre autres appréciations flatteuses adressées à l'auteur, voici celle d'un écrivain très-compétent : « Vous avez tiré de votre sujet tout le « parti possible. Il y a exactitude historique, sobriété de réflexions, évé- « nements indiqués plutôt que racontés, comme il convient à leur peu « d'importance relative, récit plus étendu de ce que le pays a souffert à « une époque où tout le département a répété son nom ; et tout cela dit « sans prétention, avec clarté et un esprit de tolérance dans les appré- « ciations, capable de faire estimer le livre et le caractère sacré de « l'auteur. »

BIBLIOTHÈQUE IMPÉRIALE — IMPR.

www.ingramcontent.com/pod-product-compliance
Ingram Content Group UK Ltd.
Pitfield, Milton Keynes, MK11 3LW, UK
UKHW020123100726
13658UKWH00005B/2337